DA PONTA DO PREGO...
TRAJETÓRIA DE UMA PROFESSORA

Editora Appris Ltda.
1.ª Edição - Copyright© 2020 dos autores
Direitos de Edição Reservados à Editora Appris Ltda.

Nenhuma parte desta obra poderá ser utilizada indevidamente, sem estar de acordo com a Lei n° 9.610/98. Se incorreções forem encontradas, serão de exclusiva responsabilidade de seus organizadores. Foi realizado o Depósito Legal na Fundação Biblioteca Nacional, de acordo com as Leis n°s 10.994, de 14/12/2004, e 12.192, de 14/01/2010.

Catalogação na Fonte
Elaborado por: Josefina A. S. Guedes
Bibliotecária CRB 9/870

C331d
2020

Carvalho, Sibéria Regina de
   Da ponta do prego... trajetória de uma professora / Sibéria Regina de Carvalho. - 1. ed. – Curitiba : Appris, 2020.
   70 p. ; 21 cm. – (Literatura).

Inclui bibliografias
ISBN 978-65-5523-873-0

1. Memória autobiográfica. I. Título. II. Série.

CDD – 869.3

Editora e Livraria Appris Ltda.
Av. Manoel Ribas, 2265 – Mercês
Curitiba/PR – CEP: 80810-002
Tel. (41) 3156 - 4731
www.editoraappris.com.br

Printed in Brazil
Impresso no Brasil

Sibéria Regina de Carvalho

DA PONTA DO PREGO...
TRAJETÓRIA DE UMA PROFESSORA

FICHA TÉCNICA

EDITORIAL	Augusto V. de A. Coelho
	Marli Caetano
	Sara C. de Andrade Coelho
COMITÊ EDITORIAL	Andréa Barbosa Gouveia - UFPR
	Edmeire C. Pereira - UFPR
	Iraneide da Silva - UFC
	Jacques de Lima Ferreira - UP
ASSESSORIA EDITORIAL	Evelin Louise Kolb
REVISÃO	Pâmela Isabel Oliveira
PRODUÇÃO EDITORIAL	Gabrielli Masi
DIAGRAMAÇÃO	Luciano Popadiuk
CAPA	Julie Lopes
COMUNICAÇÃO	Carlos Eduardo Pereira
	Débora Nazário
	Karla Pipolo Olegário
LIVRARIAS E EVENTOS	Estevão Misael
GERÊNCIA DE FINANÇAS	Selma Maria Fernandes do Valle

COMITÊ CIENTÍFICO DA COLEÇÃO LINGUAGEM E LITERATURA

DIREÇÃO CIENTÍFICA Erineu Foerste (UFES)

CONSULTORES
- Alessandra Paola Caramori (UFBA)
- Alice Maria Ferreira de Araújo (UnB)
- Célia Maria Barbosa da Silva (UnP)
- Cleo A. Altenhofen (UFRGS)
- Darcília Marindir Pinto Simões (UERJ)
- Edenize Ponzo Peres (UFES)
- Eliana Meneses de Melo (UBC/UMC)
- Gerda Margit Schütz-Foerste (UFES)
- Guiomar Fanganiello Calçada (USP)
- Ieda Maria Alves (USP)
- Ismael Tressmann (Povo Tradicional Pomerano)
- Joachim Born (Universidade de Giessen/ Alemanha)
- Leda Cecília Szabo (Univ. Metodista)
- Letícia Queiroz de Carvalho (IFES)
- Lidia Almeida Barros (UNESP-Rio Preto)
- Maria Margarida de Andrade (UMACK)
- Maria Luisa Ortiz Alvares (UnB)
- Maria do Socorro Silva de Aragão (UFPB)
- Maria de Fátima Mesquita Batista (UFPB)
- Maurizio Babini (UNESP-Rio Preto)
- Mônica Maria Guimarães Savedra (UFF)
- Nelly Carvalho (UFPE)
- Rainer Enrique Hamel (Universidade do México)

Ao meu pai, Erotheu (in memoriam), *que sempre torceu por mim.*
Ao meu marido, Carlos, por fazer parte do meu caminho há 48 anos, companheiro de todas as horas, a quem devo todo o sucesso do meu trabalho.
Aos meus filhos, Fabiana e Jean Carlo, que entenderam o meu sonho, torceram por mim e me apoiaram em todas as minhas decisões.
Ao meu neto, Lucas, pela esperança de dias melhores, sem preconceito e com menos desigualdade social.

À minha mãe, Iracema (in memoriam), *que me ensinou as primeiras letras e palavras, a quem devo a vida e a vontade de vencer.*

Mãe, eu me lembro!

Eu me lembro... Eu me lembro...
A casa de taipa
nas noites de lua,
o céu bordado de estrelas
penetrava por entre as fendas,
e no chão de terra batida
desenhava infinitas rendas.

E nessa imensa lousa de terra,
dia e noite, noite e dia,
as letras descortinavam,
da ponta de um prego,
o instrumento da alegria,
e o mundo letrado surgia.

Professora? Nem tinha!
Ou melhor, tinha todas:
a amiga, a companheira, a mãe
que deu à luz a vida.
E, mesmo sem teoria,
os olhos para o mundo abriam.

A da asa do bule.
B do bule e da bacia.
O B que abraçava o A
e o Ba da bala surgia.
Vamos escrever de carreirinha,
Filha minha?
E as letras davam-se as mãos,
Uma após outra,
e as palavras nasciam.

Eu me lembro... Eu me lembro...
Das primeiras letras, das primeiras palavras...
Eu me lembro... Eu me lembro...

(Sibéria Regina de Carvalho)

PARA

Carlos Alberto Ferreira dos Santos, Fabiana Carvalho Krüger, Fernando Isao Kawahara, Patrícia Ferreira Davies e Regiane Aparecida Xavier Alves, amigos críticos que leram o original deste livro e contribuíram para o aperfeiçoamento do texto. A vocês os meus mais sinceros agradecimentos.

AGRADECIMENTO ESPECIAL

Este livro, *Da ponta do prego... Trajetória de uma professora*, foi inspirado nas *Cartas Pedagógicas sobre a Docência*, de Rosaura Soligo, e em outras cartas da mesma autora, nas quais ela dialoga com seus interlocutores. Obrigada pela inspiração, pela revisão criteriosa, pelo prefácio deste livro e por tudo que aprendi com você, ensinamentos para uma vida inteira.

PREFÁCIO

Não é fácil encarar o desafio de escrever um prefácio justo e digno para este livro. Sim, porque significa apresentar ao leitor cartas sinceras de uma mulher militante, na vida e na profissão, uma guerreira forjada pela própria história e pelas próprias escolhas. Assim é Sibéria.

Admiro muito um autor chamado Andrew Solomon, que nos convida a pensar em como os momentos mais difíceis de nossa vida nos tornam quem somos. Ele tem razão: são as experiências mais desafiadoras que fazem emergir nossas respostas, nossas propostas, os destinos que escolhemos trilhar.

É isso que vemos acontecer durante a leitura deste livro de histórias da Sibéria. Conforme vai revelando o que aconteceu com ela ao longo da vida, em cartas endereçadas a nós, vamos entendendo por que ela é assim como é.

"Nunca reclamei das dificuldades que passei, uma vez que foram elas que me tornaram forte, lutadora e perseverante. Nunca, em momento nenhum, abdiquei de qualquer problema, por maior que fosse. Minha luta sempre foi, e será até o fim dos meus dias, a favor dos mais necessitados, dos carentes, daqueles que, iguais a mim, ainda sonham com um mundo melhor, mais humano e menos preconceituoso." Sibéria é essa pessoa, que diz palavras assim para afirmar quem se tornou.

Então, nesta autobiografia, a autora dirige-se diretamente a nós, em cartas delicadas que narram episódios tocantes de sua infância, quando surgiu um sonho lindo da ponta de um prego, depois da adolescência difícil e então da vida adulta – como mulher, mãe, companheira, mestre, orientadora, pesquisadora –, realizando, sem descanso, o que sempre desejou. São oito capítulos que, reunidos, constituem, principalmente, uma declaração de amor à educação, à escola pública, aos estudantes pobres, aos colegas de trabalho, ao magistério e à vida.

Sou hoje uma pessoa melhor por conhecer Sibéria e suas histórias de luta e dedicação obstinada a um sonho que nasceu quando era ainda criança e foi concretizando-se no trabalho com as muitas crianças da escola. E com adolescentes. E jovens. E adultos também.

Preparem-se para uma delicada viagem por estas cartas autobiográficas, cuja leitura é um privilégio.

Prof.ª Dr.ª Rosaura Soligo (Unicamp)
Maio de 2020

– Um tempo estranho de isolamento social no planeta.

SUMÁRIO

1
MINHA INFÂNCIA 15

2
DA PONTA DO PREGO NASCE UM SONHO 17

3
ADOLESCENDO... A UM PASSO DA VIDA ADULTA 21

4
A REALIZAÇÃO DO SONHO 27

5
A POESIA DAS CRIANÇAS 35

6
O PERFUME E OS ESPINHOS DA ROSA 41

7
EM BUSCA DA EXCELÊNCIA 59

8
DA PONTA DO PREGO... AGIGANTA-SE UMA GUERREIRA 67

1

MINHA INFÂNCIA

Caros leitores,

Inicio a minha autobiografia com o relato da minha infância. Nasci em 18 de outubro de 1949. Primeira de oito filhos. Filha de pai aventureiro, pernambucano inquieto, que não permanecia muito tempo em um só lugar. Veio de Pernambuco ainda pequeno e foi criado em São Paulo. Saiu de casa adolescente.

Minha mãe, uma paranaense sofrida, nunca entregava os pontos. Muito criativa e dona de uma personalidade forte, graças ao dom que tinha de transformar tudo o que via pela frente em trabalhos manuais, e tais trabalhos, quando vendidos, viravam o dinheiro com o qual ela sustentava a família, pois meu pai pouco fazia a esse respeito.

Meus leitores queridos, para completar a tristeza, nasci com uma deformidade no rosto, que me trouxe muitas decepções, pois, mesmo naquela época, a beleza contava mais do que qualquer outra qualidade que pudesse ter, uma vez que a aparência vinha sempre em primeiro lugar.

Lutava contra tudo e contra todos, cresci cheia de sonhos e de esperança de viver em um mundo melhor.

Como meu pai não parava em lugar nenhum, demorei para entrar na escola, e é essa narrativa que vem no próximo capítulo.

1. Foto: Minha mãe, Iracema, meu pai, Erotheu e eu com 6 meses

    Na minha árvore genealógica, lembro-me pouco dos meus avós paternos, com os quais quase não convivi, pois minha mãe não se mostrava nem um pouco afeiçoada a eles, pelo motivo de que meu avô, Ananias, era viciado em jogo e bebida, e levava meu pai para o mesmo caminho. Esses vícios destruíram ao longo do tempo a minha família. Essa tensão durou a vida toda, pois nunca tivemos uma convivência harmoniosa com o meu avô, mesmo no pouco tempo em que vivemos juntos. Ele era um pernambucano arretado, filho de descendentes holandeses. Já a minha avó paterna, Maria, era descendente de índios, e nunca convivi com ela, pois vivia na ponte férrea Mato Grosso-São Paulo, e vice-versa, morando cada pouco com um filho ou filha. Era baixinha, cabelos compridos até o tornozelo e gostava de uma prosa. Passava a noite inteira proseando, atualizando as histórias da família.

    A minha avó materna, D. Domingas, assim chamada, uma italiana baixinha, era um doce de pessoa, mas infelizmente não tive o privilégio de sua companhia por muito tempo, pois nossa condição financeira não permitia que aumentássemos a família. Lembro-me dela até hoje!

    Meu avô Francisco, italiano, não o conheci. Ele faleceu quando minha mãe ainda era uma criança.

2

DA PONTA DO PREGO NASCE UM SONHO

Caríssimos leitores,

Da ponta do prego nasceu um sonho lindo. Leia a seguir...

Enquanto esse sonho não se realizava, conheci o sofrimento desde cedo. Como já disse anteriormente, meu pai era alcoólatra, e esse vício causava-nos muito padecimento; no entanto, com apenas 6 anos de idade, eu já afirmava que seria professora, sonho aparentemente impossível para uma família que vivia em condições precárias, sem ter ao menos o básico para sobreviver.

Minha mãe, com apenas o segundo ano de grupo (palavras dela), ensinou-me as primeiras letras, que aprendi a escrever no chão de barro batido com um prego. Meu pai era carpinteiro, e esse era um dos materiais que tinha em casa. Aos poucos, fui aprendendo a juntar as letras e, quando entrei na escola, com 9 anos de idade, sabia ler e escrever. Minha mãe levou algum tempo para entender que eu queria aprender a escrever, pois ficava rabiscando o chão, e, inicialmente, ela não aceitava, porque o esburacava. Muito caprichosa, ela o deixava lisinho, e eu, na minha ânsia de aprender, estragava o trabalho dela.

A minha primeira escola ficava a 12 km de distância da casa em que morava, e eu, meu irmão e mais dois vizinhos íamos a pé. Eu não faltava um só dia. Era uma verdadeira festa, a minha paixão: estudar e um dia ser professora.

Minha primeira professora, depois da minha mãe, dona Sebastiana, inicialmente não quis aceitar a minha matrícula. O ano estava terminando, era setembro, e, segundo ela, não iria acompanhar a turma. E, além de tudo, eu não tinha certidão de nascimento. Meu pai, apesar do terrível vício que tinha, o alcoolismo, garantiu que eu iria acompanhar o grupo, e a certidão ele iria providenciar. Era uma criança sem documento nenhum com quase 9 anos de idade.

A distância era muito grande. Muitas vezes, até debaixo de chuva eu andava. Mas a maior dificuldade era com o material escolar. Não tinha caderno, lápis, não tinha nada, só uma imensa vontade de aprender. Minha mãe pegava várias folhas de papel com que se embrulhava pão, juntava-as e costurava-as no meio, e esse foi o meu primeiro tipo de caderno. Lápis ganhei da professora. As escolas tinham a caixa escolar para atender as famílias que não tinham recursos, mas, para pertencer a essa caixa, o pai ou a mãe tinha que ir à escola e declarar que eram pobres. Meus pais não aceitavam fazer isso, pois achavam que era uma tremenda humilhação, e quem sofria éramos eu e meus irmãos.

A professora aceitou-me e comecei a estudar o primeiro ano em setembro. Em outubro, fiz 9 anos. O tempo passou e o ano chegou ao fim. Eu passei para o segundo ano, em 1º lugar, graças aos ensinamentos de minha mãe. Ganhei medalha de Honra ao Mérito, ouro. A maioria dos meus colegas foi reprovada e permaneceu na mesma escola.

E assim, meus leitores, no ano seguinte, já no segundo ano, tive que mudar de escola, pois a que eu estava só oferecia o primeiro ano. Precisava estudar em uma escola em outro município. Para chegar a essa escola, era necessário viajar de trem. Ia pela manhã e só voltava no fim da tarde.

Novamente, não pude ser matriculada. A professora não deu a transferência, pois meu pai não providenciou a certidão de nascimento como tinha prometido, o que só aconteceu em agosto do ano seguinte. Mais uma vez, a professora não quis me aceitar, porque não iria acompanhar a turma, e, mais uma vez, meu pai garantiu que eu acompanharia.

Nesse semestre, meus leitores, a professora percebeu que eu tinha uma dificuldade imensa para enxergar, pois sentava na primeira carteira e, mesmo assim, tinha que me levantar e ir até a lousa para enxergar e copiar as atividades. Chamou meu pai e, como ela notou que não tínhamos nenhuma condição financeira para procurar um oftalmologista, que na época chamávamos de oculista, encaminhou-me a um amigo seu, que me atendeu muito bem e até me deu os óculos. Naquele tempo, miopia, oito graus no olho esquerdo e oito e meio no olho direito, e ninguém havia percebido que eu não enxergava. Santa professora, Dona Írides! Teve sensibilidade e generosidade para me "abrir os olhos" e se emocionou quando viu a minha felicidade ao enxergar as formigas no chão. Nunca me esqueci! Nessa escola e com essa professora, estudei o segundo e o terceiro ano.

No quarto ano, tive que mudar de escola novamente. D. Ivani, a professora, viajava com a turma no trem. Ficávamos o dia inteiro na escola, pois o trem ia cedo e voltava à tarde. Tínhamos que levar marmita. A minha era uma latinha de manteiga. A professora também levava marmita. A minha, na maioria das vezes, ia vazia. Quando não tinha comida, sentava-me distante dos colegas. A professora percebeu e começou a levar uma latinha igual a minha, e quando acontecia de minha marmita estar vazia, ela trocava a latinha. E isso ocorreu muitas vezes. Era mais um anjo, sensível, atenta e solidária. Mais um exemplo para a minha vida.

Lembro-me de que estudava pela manhã e, no período da tarde, tínhamos que ficar esperando o trem das cinco (17h). Nesse espaço de tempo, Dona Ivani, exemplo de dedicação, reforçava os conteúdos que havia trabalhado no período da manhã, sem ganhar nada por isso. Foi um ano muito proveitoso!

Leitores queridos, terminado o ano em 14 de dezembro de 1961, mais uma vez fui promovida com a nota máxima, e o sonho continuava cada vez mais presente na minha memória. É o que narrarei no próximo capítulo, cheio de altos e baixos.

2. Foto: Início do sonho, o diploma primário

3

ADOLESCENDO... A UM PASSO DA VIDA ADULTA

Leitores queridos,

Adolescendo... a um passo da vida adulta é a narração a seguir. Viaje com esta leitura.

No ano seguinte, 1962, fiz o exame de Admissão ao Curso Ginasial e fui promovida. Não precisei frequentar o curso de admissão; passei direto. Foi um grande orgulho para os meus pais. Meu pai, particularmente, falava com a "boca cheia" *minha filha está no ginásio*, porque poucas pessoas da classe popular conseguiam frequentar o curso ginasial naquela época.

Com 13 anos de idade, entrei no ginásio. Estudava e ajudava minha mãe a bordar, a fazer tricô, que aprendi aos 7 anos com dois pregos grandes, e a colher samambaias para as floriculturas de São Paulo, além de ajudar na faxina de algumas casas de temporada.

Durante a época do ginásio, sempre fui uma boa aluna, mas um problema começou a me incomodar: o preconceito. Todos os alunos eram adolescentes, eu também, um pouco mais velha do que eles. E foi nessa época que comecei a sentir o peso dessa discriminação, pois era uma adolescente pobre e feia, com muita vontade de vencer e rejeitada por quase todos. A maioria dos colegas não me aceitava em nenhuma atividade social. Eles olhavam para mim e riam, debochando da minha aparência. Só me procuravam quando era para ensiná-los, pois para isso eles sabiam que eu podia contribuir. Ajudava a todos, sem distinção. Em casa, gostava de ensinar alguns amigos, que, desde a infância, conviveram comigo. Ficava feliz em poder auxiliá-los. Foram anos terríveis, mas o sonho continuava cada vez mais forte, assim como a vontade de mudar, lutar por um mundo mais humano, onde as pessoas fossem valorizadas pelo que eram, e não pelo que possuíam ou mesmo por sua aparência.

E nessa luta, caros leitores, fui até o terceiro ano ginasial quando, em setembro, tive que abandonar os estudos, pois o ônibus (nessa época já havia ônibus) que levava os estudantes começou a cobrar 50% da passagem, devido ao grande número de alunos que circulava nesse transporte. Vi meu sonho se desfazer. Fiquei muito triste, mas a chama da esperança não se apagou. Continuei lutando e ajudando a minha mãe a ganhar o pão de cada dia.

Aos 16 anos, fui convidada para trabalhar como professora leiga na mesma escola em que fiz o primeiro ano. As mesmas carteiras, o mesmo quadro negro. Tudo estava como antes. O tempo parecia não ter passado. Eu nem acreditava que estava exercendo a função que eu sempre desejei. A situação era outra. Mesmo sendo professora leiga, eu era respeitada, era tratada muito bem, a ponto de não andar mais a pé. Tinha à minha disposição um lugar dentro da máquina (parecida com a máquina de um trem, em tamanho bem menor) que puxava os troles (vagões) carregados de banana e, quando não havia carregamento de banana, o feitor da fazenda mandava algum peão levar-me para casa de truque, um carrinho com quatro rodas que andava sobre os trilhos e era impulsionado com uma vara.

Não tinha nenhuma experiência docente, e as orientações para o professor leigo eram mínimas. Mesmo assim, consegui sair-me muito bem, pois tive, ao longo do tempo em que estudei, bons modelos de professoras.

Trabalhei nessa escola durante um ano. No fim do ano, a escola foi estadualizada e não mais comportava professor leigo. Perdi o emprego, fiquei um ano sem trabalhar, quando me ofereceram serviço em um escritório. Mais um desafio. Eu precisava, pelo menos, "catar milho" na máquina de escrever. Mas como, se eu não conhecia uma máquina de escrever? Foi quando a minha criatividade funcionou. Uma vizinha deu-me um livro de datilografia, e eu desenhei as teclas na tampa de uma caixa de sapatos que achei na rua. E, desse modo, em uma semana, eu já conhecia a posição de todas as teclas, assim como os dedos usados para bater em cada uma delas. Dali para a máquina real foi um pulo. Fui fazer o teste para escrituração fiscal (lançar notas fiscais de entrada e saída de mercadorias em livros próprios). O dono do escritório orientou-me, e em poucos minutos lancei várias notas fiscais de maneira correta. Chegou a hora da máquina de escrever, e, naquele momento, o que valeu foi a minha sinceridade. Disse-lhe que nunca tinha usado uma máquina de escrever, mas que havia decorado a posição de todas as letras e quais os dedos usados para batê-las. Mostrei-lhe a minha "máquina de escrever" na tampa da caixa de sapatos. Os olhos do chefe lacrimejaram e ele me disse: "O emprego é seu. Amanhã você começa com a verdadeira máquina de escrever". E, assim, trabalhei nesse escritório, e em outros, durante cinco anos.

Voltei a estudar em 1969 na terceira série ginasial, à noite, com 20 anos de idade. A situação havia mudado um pouco. Meus irmãos cresceram e começaram a ajudar e eu podia cuidar um pouquinho mais de mim. Consegui terminar o curso ginasial em dezembro de 1970 e como eu trabalhava com contabilidade, fui fazer o Curso Técnico de Contabilidade, em nível de 2º Grau, em uma outra cidade, também no período noturno.

> **SECRETARIA DE ESTADO DOS NEGÓCIOS DA EDUCAÇÃO DO ESTADO DE SÃO PAULO**
>
> (Nome do estabelecimento)
> ITANHAÉM
> (Localidade)
>
> N.º 40/70
>
> **CERTIFICADO DE CONCLUSÃO DO CURSO GINASIAL**
>
> Certificamos que SIBÉRIA REGINA DE CARVLAHO
>
> filho(a) de EROTHEU NOÉ DE CARVALHO
>
> e de D.ª IRACEMA MARTINHO DE CARVALHO
>
> natural de SÃO PAULO, nascido(a) em 18 de Outubro de 19 49 tendo em vista os resultados obtidos no ano letivo de 19 79, na quarta série do Curso Ginasial, é considerado habilitado no Primeiro Ciclo Secundário, nos têrmos da legislação vigente.
>
> Itanhaém, 23 de Dezembro de 19 70
>
> O Secretário,
>
> O Diretor,

3. Foto: Diploma do Curso Ginasial

    Prezados leitores, em 1972, encontrei a minha cara-metade: meu marido, Carlos, que há 48 anos caminha ao meu lado, e, em 1973, nasceu a minha primeira filha, Fabiana. Nesse mesmo ano, terminei o curso técnico. O sacrifício era grande. Tinha que cuidar da filha, trabalhar e alimentar o sonho que não podia deixar morrer. E, naquele momento, mais ainda, tinha que pensar em proporcionar uma vida digna à minha filha. O sonho estava prestes a se realizar, como veremos a seguir.

4. Foto: Minha primeira filha, Fabiana, com 5 meses

5. Foto: Diploma do Curso Técnico em Contabilidade

4

A REALIZAÇÃO DO SONHO

Leitores queridos,

A realização do sonho de ser professora estava prestes a se realizar. Confira!

Em 1974, já havia o Curso de Magistério em minha cidade, durante o período diurno. Como eu trabalhava durante o dia, não tinha condições para frequentá-lo. Muitas pessoas estavam na mesma situação e queriam fazer o Magistério, mas sem condições por causa do horário. Tive uma brilhante ideia: reunir todos esses alunos e reivindicar uma classe que funcionasse à noite. Fizemos um abaixo-assinado e o levamos ao Delegado de Ensino. Conseguimos uma classe de quarto ano. Como todos os alunos já haviam concluído o Curso Colegial ou algum Curso Técnico, era só fazer exame de adaptação (na época era legal). Fizemos o exame, passamos e formamos o quarto ano. E foi assim que concluí, em 1974, o Curso Colegial de Formação de Professores Primários, na Escola Estadual de Segundo Grau de Itanhaém, com direito a lecionar nas quatro primeiras séries do Curso Primário. Meu sonho se realizara, e a minha felicidade era imensa.

6. Foto: Diploma do Curso Colegial de Formação de Professores Primários

Em janeiro de 1975, nasceu meu segundo filho, Jean Carlo, época em que comecei a lecionar no Movimento Brasileiro de Alfabetização (Mobral). Dois acontecimentos que marcaram minha vida: a realização do meu sonho profissional, o de ser professora, e o segundo filho, Jean Carlo, que foi mais um presente de Deus na minha vida.

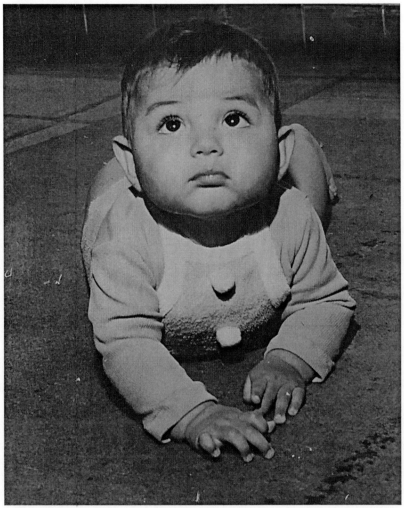

7. Foto: Jean Carlo, meu segundo filho, com 6 meses

Continuei trabalhando no escritório (tinha que ajudar minha família) e, à noite, dava aulas. O salário era irrisório, mas era o momento no qual me realizava. Trabalhava com a camada mais pobre da população. Eles eram iguais a mim e lutavam por uma vida melhor.

No ano seguinte, por força do meu trabalho, aconselharam-me a fazer o curso de Direito. Mogi das Cruzes, 1976, Universidade Mogi das Cruzes, nº 888, nunca me esqueci. Gostava do curso, mas não era o meu sonho. Estudei dois anos e nove meses, e fui obrigada a desistir quando fui acometida por uma doença e fui internada várias vezes. Parei de estudar, de trabalhar, morria a cada dia um pouquinho, quando em 1980, ainda doente, iniciei minha carreira na Rede Estadual. O sonho renascia.

Ingressei como ACT (Admitido em Caráter Temporário) na Unidade Escolar de Ação Comunitária (Ueac) – Vista Grande, no município de Miracatu, no Vale do Ribeira, estado de São Paulo, unidade em que permaneci por dois anos e, mesmo muito doente, tinha forças para lutar.

Era uma escola muito difícil, com duas comunidades distintas que brigavam pela posse da terra: os grileiros e os posseiros. As crianças não se relacionavam bem, e eu tinha que conviver com todos, sem tomar partido.

Em 1981, meu pai faleceu, depois de um longo sofrimento causado pelo câncer nos pulmões. Fiquei sem chão, pois, mesmo com todas as dificuldades que enfrentamos, ele era muito querido.

Passado um ano, eu e meu marido, Carlos, resolvemos dar uma guinada na vida. Passamos no concurso da rede de ensino do estado de São Paulo, e o sonho de ser efetiva ficava mais próximo.

8. Foto: Eu e meu marido, Carlos

Em 1983, mudei de escola e município. Vim para o Vale do Paraíba, no município de São Bento de Sapucaí, na Ueac – Baú de Cima, onde fiquei um ano, e na Ueac – Baú do Centro, onde permaneci por mais quatro anos. Eu e meu marido trabalhávamos juntos. Morávamos na escola e tínhamos um trabalho muito significativo, envolvendo a comunidade. Fizemos história nos cinco anos que trabalhamos nesse lugar, pois construímos laços de amizade que permanecem até os dias atuais. Era um trabalho sério de leitura, escrita e resolução de problemas para as crianças, no período diurno e para os adultos, no período noturno. Em um período, trabalhávamos com o ensino regular e, no outro período, nós nos dividíamos entre o ensino para adulto e pré-escola e o trabalho comunitário, que consistia em orientação às famílias, construção de hortas, realização de eventos e cursos de pintura em tecido, entre outros.

Caros leitores, continuávamos como professores contratados pela Rede Estadual, mas, por outro lado, já éramos concursados, o que nos dava a garantia de escolhermos aulas na frente de quem não era concursado.

Nessa época, fiquei grávida de meu terceiro filho, Herbert, que, infelizmente, faleceu logo depois de nascer. Estava no sétimo mês de gestação, em uma gravidez de alto risco, visto que eu tinha pressão alta. Em razão desse acontecimento, perdi o entusiasmo e resolvi não permanecer nesse lugar.

Em 1988, viemos para São José dos Campos, ocasião em que ingressamos na Rede Estadual ocupando cargo efetivo. Fui lotada na Escola Estadual de Primeiro e Segundo Grau do Jardim Colonial, local em que permaneci por dois anos, e fui removida para a Escola Estadual de Primeiro Grau Prof.ª Ilga Pusplatais, lugar em que permaneci por 16 anos até a aposentadoria.

Entre 1985 e 1987, fiz o Curso de Pedagogia, junto ao meu marido. O primeiro e o segundo ano foram muito difíceis, pois tínhamos que deixar nossos filhos sozinhos no sítio, e à noite, o que era mais complicado. Morávamos nos fundos da escola. Avisávamos a vizinha para que, se houvesse algum problema, desse assistência às crianças. Sofríamos a cada dia que saíamos. O coração ficava apertado, mas, ao chegar em casa, deparávamo-nos com as crianças dormindo como anjos. Como agradecíamos a Deus pela sua proteção aos nossos filhos, a nós, à nossa família! Era difícil, mas tínhamos que fazer esse sacrifício, pois a exigência pelo diploma universitário começava a despontar e, cedo ou tarde, teríamos que fazer o curso. Quando estava no terceiro ano é que nos mudamos para São José dos Campos. No sítio, a situação ficou muito complicada para os meus dois filhos estudarem, uma vez que nessa época já estavam cursando a sexta e sétima séries, e nós, eu e meu marido, estávamos no último ano da faculdade; além disso, havia perdido o entusiasmo, pois foi nesse tempo que senti a maior dor que uma mãe pode sentir: a de perder um filho.

Caríssimos, em 1987, época em que ingressei na Rede Estadual de Ensino, com um cargo efetivo, a situação começava a melhorar, pois eu e meu marido já éramos professores efetivos. Uma coisa era certa: não nos faltaria mais emprego. Nossos filhos estudavam na escola estadual que era bem próxima de casa, e eles iam e vinham sozinhos.

Sempre tive a preocupação de desenvolver um bom trabalho e deixar marcas positivas nos meus alunos, como muitos professores deixaram em mim, e isso é o que veremos na próxima narrativa.

9. Foto: Diploma de Pedagogia

5

A POESIA DAS CRIANÇAS

Prezados leitores,

A poesia das crianças foi o meu próximo desafio. Acompanhe esta história.

Ao iniciar minha carreira como professora efetiva do Ensino Fundamental I, no final da década de 1970, já me preocupava com as inúmeras dificuldades que meus alunos apresentavam na produção de textos. Como professora da Rede Estadual de Ensino do estado de São Paulo, seguia cegamente as orientações das minhas coordenadoras, embora, muitas vezes, eu me questionasse sobre a forma como conduzia minhas aulas de produção escrita. Os alunos aprendiam a ortografia e a gramática, uma vez que os exercícios para memorização eram inúmeros. Entretanto não conseguiam transpor para seus textos o que haviam aprendido, e, além disso, muitos escreviam sem coerência e não apresentavam nenhum interesse em escrever.

Naquela época, eu não sabia por que tudo isso acontecia. De uma coisa tinha certeza: era preciso melhorar, fazer com que as crianças se interessassem mais pela linguagem escrita e que fossem mais criativas.

Em 1992, prestei concurso na Rede Municipal de São José dos Campos e ingressei no início de 1993, onde trabalhei até 2003 com a Educação de Jovens e Adultos.

Nesse ano, caros leitores, trabalhava três períodos: manhã na Rede Estadual, tarde na Rede Municipal, alfabetizando funcionários da Santa Casa, e, à noite, na Educação de Jovens e Adultos. Aos sábados e domingos, costurava "lingerie" por encomenda. Precisava de dinheiro, pois pagávamos um apartamento, e nossos filhos começariam a estudar em escola particular. Era um sufoco!

Nos anos de 1994 e 1995, estudei na Universidade do Vale do Paraíba, aproveitando a bolsa de estudo da Prefeitura de São José dos Campos, escola em que realizei a minha pós-graduação em Psicopedagogia (Especialização Lato Sensu). Nessa época, continuava trabalhando nas duas redes.

Inconformada com a forma de ensinar meus alunos a escrever, em 1997 participei de algumas oficinas sobre produção de textos poéticos. Gostei e comecei a investir nessas oficinas. Foi uma aprendizagem muito interessante, principalmente para os meus alunos. As crianças participavam ativamente de todas as etapas. Sentia que estava no caminho certo, pois os estudantes começaram a se apaixonar pela escrita.

Durante todo o tempo em que trabalhei com poesia, publiquei, em parceria com os pais das crianças, livros que continham seus textos poéticos. O primeiro organizamos com xérox e só conseguimos fazer a capa e a encadernação na gráfica, pois não tínhamos dinheiro. A partir do segundo, organizávamos rifas e bingos, e com o dinheiro arrecadado pagávamos a gráfica e proporcionávamos a noite de autógrafos. Esse trabalho fez um grande sucesso, que me rendeu duas publicações de relatos de experiência em renomadas revistas de Educação: *Teoria e Prática da Educação*, da Universidade Estadual de Maringá, no Paraná, e *Comunicação e Educação*, revista da Universidade São Paulo, em São Paulo, além da participação em uma Feira de Educação, em Salamanca, na Espanha, trabalho apresentado pela minha amiga Edna Tamarozzi, coordenadora desse trabalho na Delegacia de Ensino, na época. Com a participação nessa feira, eu e meus alunos recebemos a proposta de iniciarmos um novo trabalho de produção escrita, a carta, para nos correspondermos com os alunos e o professor da turma de quarto ano. Mais uma vez, proporcionaria a meus meninos e meninas a oportunidade de exercerem a função social da escrita. Durante dois anos, dedicamo-nos a essa correspondência, época em que o e-mail começava a ser usado. Junto a esse trabalho, continuávamos com a escrita de poemas.

Foram sete anos de investimento na escrita de poemas, de 1997 a 2003, e todos os alunos identificavam-se com esse trabalho. Durante o ano, às sextas-feiras, fazíamos as oficinas de escrita poética. No fim do ano, com a ajuda dos alunos, escolhíamos o tema do livro, e eles criavam seus poemas, valendo-se de todo o conhecimento adquirido durante o ano. Em seguida, elegíamos os alunos que gostavam de desenhar. Eles criavam as capas, depois selecionávamos a melhor para fazer parte do livro de poemas do ano. Cada publicação era uma verdadeira festa. Fazíamos noite de autógrafos com apresentações dos alunos e muitos comes e bebes. A alegria das crianças acompanhada pela alegria dos pais era de emocionar todas as pessoas que ali estavam.

10. Foto: Capas dos livros de poesias dos meus alunos publicados de 1997 a 2003

Entretanto, mesmo com esse investimento, alguma coisa faltava na produção textual de meus alunos e eu não sabia o quê. O fato é que eles aprenderam a escrever poesias, mas o trabalho com a escrita de textos em prosa continuava o mesmo, com foco na ortografia e na gramática, e eles se limitavam a escrever histórias ou descrever cenas observadas em imagens (fotos, figuras etc.), seguindo, assim, a orientação da época. Livros e manuais de Língua Portuguesa traziam as indicações de produção de texto sempre nos mesmos moldes. Eu, no entanto, observava que o trabalho com poesia trazia uma mudança significativa nas produções dos alunos. Suas escritas eram permeadas de sensibilidade, e a criatividade deles começava a aparecer, embora, na época, ainda não tivéssemos um trabalho de produção escrita focada em um gênero textual, uma vez que as redes de ensino ainda se preparavam para esse tipo de abordagem. Essa mudança nas produções devia-se também às inúmeras leituras realizadas na sala de aula como modelos.

Insatisfeita com a situação, como sempre, porque queria melhorar minhas aulas de produção escrita, visto que meus alunos mereciam um ensino de melhor qualidade, em 2001 fiz matrícula no curso de mestrado, com o objetivo único de melhorar a minha prática.

Na época em que fiz o mestrado, trabalhava dois períodos: manhã e noite. Todas as quartas-feiras e sextas-feiras, saía da escola estadual às 12h e passava em frente ao meu condomínio, onde minha filha esperava-me com lanche. Meu marido e eu íamos comendo na Via Dutra e chegávamos em Mogi das Cruzes em cima da hora, 13h. Nunca cheguei atrasada. Entrava na aula. Meu marido ficava no carro corrigindo as atividades de seus alunos, e eu, estudando. A aula terminava às 17h e saíamos apressados, pois era preciso dar aula à noite. Chegávamos às 18h. Novamente tomava um lanche e saía para trabalhar até as 22h. Durante dois anos, enfrentei essa loucura, entretanto estava muito feliz.

Minha dissertação de mestrado versou sobre o trabalho que desenvolvi em sala de aula: *A poesia infantil na escola: desafios do professor à sensibilidade e à criação do aluno*. Foi um trabalho árduo, mas muito valoroso. Passei a conhecer um pouco mais sobre a produção textual e pude investir nas minhas aulas de Língua Portuguesa, incluindo o ensino da produção poética com muito mais segurança. Além disso, devido ao forte investimento em leituras que realizei, consegui desenvolver com mais qualidade as aulas de produção escrita.

Quando encerrei o mestrado interdisciplinar em Semiótica, Tecnologias da Informação e Educação, em 2003, comecei a trabalhar na Universidade Braz Cubas, aos sábados. Assumi um curso de Leitura em Todas as Áreas para professores do Ensino Fundamental I por dois anos seguidos. Em 2005, assumi o mesmo curso para professores do Fundamental II e, em 2006, assumi as aulas de Metodologia de Produção de Texto, no curso de pós-graduação em Língua Portuguesa. Para mim foi um grande desafio, pois já trabalhava como orientadora pedagógica em uma escola muito complicada, relato que farei no próximo capítulo.

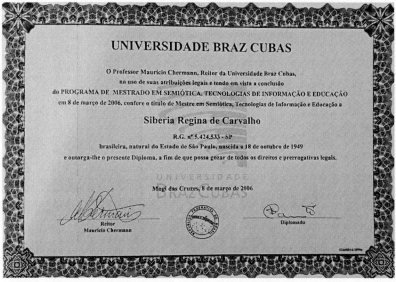

11. Foto: Diploma do mestrado em Semiótica, Tecnologias da Informação em Educação

6

O PERFUME E OS ESPINHOS DA ROSA

Leitores queridos,

Passo agora a narrar minha trajetória de trabalho na escola carinhosamente chamada por mim de Rosa, a flor, que foi a última da minha carreira na Rede Municipal. O perfume e os espinhos da Rosa é uma viagem imperdível. Acompanhem comigo.

Em 2004, aposentei-me da Rede Estadual, mas continuei na Rede Municipal, contando, então, com 12 anos em sala de aula nessa rede de ensino. Quando me aposentei, fui convidada para exercer a função de orientadora pedagógica. Aceitei o desafio. O trabalho consistia em orientar professores que iriam trabalhar em uma unidade escolar, recentemente inaugurada, formada por alunos transferidos de várias escolas, pois o bairro em que passariam a viver era novo, criado pelo programa de desfavelização do município. Iniciei o trabalho pedagógico e me encontrei, mais uma vez, com os meus iguais: crianças e adolescentes pobres, vítimas de preconceito. Nessa escola, trabalhei por 16 anos.

A escola reunia 491 alunos, do primeiro ano do Ciclo I ao quarto ano do Ciclo II (denominação da época), provenientes de três favelas e que viviam em situação de alta vulnerabilidade social. A maioria desses estudantes reproduzia na escola as violências e tensões do mundo em que viviam. Os dias letivos eram sempre tumultuados, com inúmeras ocorrências. A maioria dos alunos não se interessava pelas atividades propostas, e isso dificultava o relacionamento entre eles, pois as crianças que não concordavam com as atitudes da maioria eram hostilizadas. Os professores se desesperavam, ficavam doentes e acumulavam inúmeras licenças médicas. A troca de professores era constante, e tudo isso comprometia ainda mais o ensino e a aprendizagem.

Nessa época, foi proposto a nossa equipe que, inicialmente, trabalhássemos somente com projetos que procurassem desenvolver valores, sem nos preocupar com a aprendizagem formal, pois os alunos precisavam ter uma convivência harmoniosa para poder aprender. Ledo engano! O que os alunos realmente queriam era aprender a ler e a escrever.

Então, como orientadora pedagógica, fiquei bem preocupada e elaborei um projeto, denominado "Arco-Íris: mais cor em suas aulas". Nele, eu propus aos professores que fizessem várias oficinas com dinâmicas e vivências, sempre finalizadas com uma produção de texto. Começou a dar certo. Os alunos ficaram mais interessados, pois viam que estavam aprendendo. O projeto "Arco-Íris" também trabalhava com valores, mas não explicitamente. As oficinas eram bem diversificadas, pois procurava desenvolver os valores implicitamente por meio de músicas, poemas, teatros, artes plásticas, entre outros.

Logo na primeira oficina do projeto "Arco-Íris", denominada "Vestir a camisa", cujo objetivo era investigar o que os alunos pensavam sobre a escola e o que precisava ser feito para que a escola ideal se tornasse realidade. A minha preocupação inicial encontrou justificativa, pois os estudantes queriam que a escola os respeitasse como seres humanos e os ensinasse a ler e a escrever. Vi que estava no caminho certo. Comecei a mostrar aos alunos, por meio das oficinas, que o respeito se conquistava com boas atitudes e que os professores estavam dispostos a lhes ensinar a ler e a escrever, mas isso exigia que eles "vestissem a camisa da escola" que almejavam ter.

Inicialmente foi difícil, pois a maioria dos estudantes não estava acostumada a ter disciplina de estudo, e ainda eles estavam muito revoltados com a mudança de bairro. Mesmo assim, prossegui com as oficinas do projeto "Arco-Íris" e cada vez mais me convencia de que aquilo não era suficiente. As produções, infelizmente, não seguiam modelo nenhum. As propostas eram sempre as mesmas: relatar determinada vivência ou narrar uma história com começo, meio e fim. Entretanto, com essas produções, consegui identificar quais eram as dificuldades na leitura e na escrita desses estudantes. De posse desse levantamento, passei a acompanhar a prática dos professores e me surpreendi, pois o trabalho deles com a produção escrita não era diferente do meu, na época em que me encontrava na sala de aula, como professora.

A união das três favelas distintas trouxe vários problemas para o bairro. Havia muitos conflitos entre os líderes pelo controle do tráfico de drogas que resultavam em "toques de recolher". Esses conflitos interferiam no andamento das atividades da escola, pois nesses dias as salas de aula permaneciam quase vazias.

Um outro agravante que decorria da junção dessas três favelas era a aceitação de algumas crianças de uma comunidade em relação à outra. Nessa época, encontramos inúmeros problemas durante as aulas, principalmente na organização dos agrupamentos, pois alguns alunos não se misturavam e não brincavam juntos, e, quando isso acontecia, testemunhávamos inúmeras brigas, ou até mesmo fugas pelas janelas. E assim, os espinhos da Rosa despontavam-se.

Outro problema sério era em relação à disciplina da maioria dos alunos, que era instável, pois eles eram muito suscetíveis ao clima do bairro. Quando a comunidade estava tranquila, sem brigas, prisões ou mortes, a tendência era os alunos ficarem mais tranquilos na escola. Entretanto, quando o bairro estava agitado por algum acontecimento violento, a maioria dos alunos também ficava agitada. Era comum essa agitação às vésperas e após feriados como Páscoa, Natal, Ano-Novo, Dia das Mães, Dia dos Pais, em que as pessoas que estavam em presídios saíam para passar esses dias com a família. Essa situação acontecia também às segundas-feiras, quando vários alunos passavam os fins de semana fazendo malabarismo nos semáforos, no centro da cidade, a fim de conseguir dinheiro para ajudar suas famílias, ou, então, quando faziam visitas aos presídios da região, onde se encontrava algum parente cumprindo pena.

A parceria com as famílias foi outro ponto muito difícil, visto que muitas crianças não viviam com seus pais biológicos, e seus responsáveis nem sempre se interessavam pela educação delas.

Mais uma característica marcante, apontada em levantamento de nível sociocultural da comunidade, foi o baixo nível de escolaridade da maioria dos responsáveis, o que possivelmente tinha a ver com a falta de interesse pelo desenvolvimento escolar das crianças. Em contrapartida, muitas crianças não viam significado no estudo, pois não havia incentivo por parte de seus familiares; daí ocorrerem inúmeras faltas durante o ano. Havia também a falta de realização das tarefas. Na maioria das vezes, esses alunos não traziam de volta seus cadernos, pois alguns familiares usavam o material para fazer cigarro, justificativa de algumas crianças. Também não podíamos entregar os livros didáticos para que os alunos estudassem em casa, pois já havia acontecido de encontrarem livros em casas que compravam materiais recicláveis.

O ano de 2004 foi muito complicado, e não víamos a hora que passasse para iniciarmos o tão prometido Projeto Especial. A maioria dos alunos tinha muita dificuldade, não se interessava pelas aulas e, com a falta constante de professores, não conseguia criar vínculo. Essa situação configurava uma situação de grande falta de respeito aos mestres. As brigas a cada dia se multiplicavam, e, em virtude dessa violência, o trabalho pedagógico pouco rendia.

Para amenizar o problema da violência, a secretaria investiu em projetos de Arte oferecidos aos alunos da escola: o projeto Guri, que trabalhava com coral e uma banda atraia a atenção de inúmeros alunos. Os estudantes que participavam desses projetos começaram a conviver melhor. Esses dois projetos permaneceram ativos até 2006, quando por falta de espaço, foram transferidos para outras unidades escolares.

Atualmente, em torno de 60 alunos participam do coral coordenado pela Secretaria de Educação e Cidadania.

No último bimestre de 2004, ocorreram inúmeras idas e vindas dos técnicos da Secretaria de Educação, entre eles, a secretária de educação e a supervisora de ensino, que estiveram na escola para constatar a grave situação em que a equipe gestora e de professores viviam no dia a dia. A SME, preocupada em melhorar as condições de trabalho dos professores e a aprendizagem dos alunos, reuniu esforços e formou uma comissão que trabalhou para elaborar um projeto emergencial para essa escola. Essa comissão contava com especialistas de diversas áreas do conhecimento: psicólogos, psicopedagogos, supervisores de ensino e alguns membros da direção da escola, entre os quais eu me encontrava. A justificativa desse Projeto Especial reforçava e confirmava essa situação e dizia assim: "Considerando o elevado índice de violência na comunidade, com repercussão direta nas atitudes do alunado, o expressivo número de alunos com distorção idade/série, a significativa defasagem de aprendizagem, com maior destaque nas habilidades de leitura e escrita, e o alto número de alunos com frequência irregular e evasão escolar, faz-se necessária a implementação de um conjunto de ações e estratégias administrativas, didáticas e metodológicas adequadas às necessidades educacionais e sociais dos alunos, com vistas a estabelecer com eles vínculos de afetividade e confiança para construir novos valores, desenvolver atitudes e proporcionar a aprendizagem bem-sucedida de todos os alunos, assegurando o desenvolvimento dos objetivos mais amplos da educação expressos na Lei Federal n. 9.394/96".

O ano de 2004 chegou ao fim, e a esperança de que no ano vindouro tudo seria melhor estava viva como nunca, pois nós da equipe gestora acreditávamos que, com a implementação do Projeto Especial, tudo seria diferente.

Em 2005, aguardava ansiosa por dois acontecimentos: o primeiro era o nascimento de meu neto, Lucas, no início de fevereiro. E o segundo, o início do tão esperado Projeto Especial. Meu neto, Lucas, nasceu saudável. Foi mais um presente de Deus para minha vida. E, na mesma semana, iniciamos as aulas com um novo modelo, o do Projeto Especial.

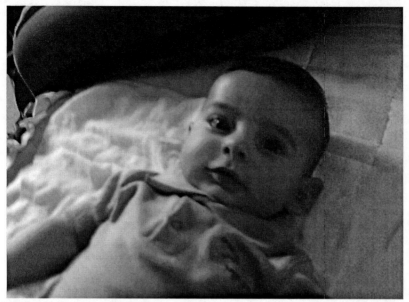

12. Foto: Meu neto, Lucas, com 6 meses

Nesse ano, caros leitores, a Secretaria Municipal de Educação decidiu investir com firmeza na educação de nossos alunos e colocou em prática o tão sonhado Projeto Especial, para atender melhor às especificidades dessa clientela. O objetivo desse projeto para a instituição era "oferecer condições para que a escola se tornasse um espaço educativo, democrático, acolhedor e prazeroso para todos os que faziam parte dela, assegurando ganhos de aprendizagem em todos os âmbitos do desenvolvimento, facilitando o acesso a patamares mais dignos de cidadania e as relações sociais baseadas no respeito à diversidade por meio de constante troca de aprendizagem".

O Projeto Especial elaborado para atender nossa clientela contava com algumas peculiaridades, tais como: processo seletivo para professores que queriam realmente trabalhar e fazer a diferença nessa comunidade; trabalho pedagógico por projetos e por área, em que as disciplinas eram divididas em duas grandes áreas, Humanas e Exatas, para que os professores permanecessem mais tempo com os alunos e, assim, criassem vínculo afetivo com eles. Outra peculiaridade é que todos os professores tinham diariamente uma hora de estudo e trabalhavam por hora-relógio. O Horário de Trabalho Coletivo (HTC) era obrigatório para todos os docentes. Além disso, na organização do trabalho pedagógico, foram constituídas Turmas de Progressão para atender os alunos com muita dificuldade de aprendizagem e com defasagem idade/série, que extrapolava e muito as idades do ensino regular. Os alunos que frequentavam as Turmas de Progressão não estavam alfabetizados, e, com essa dificuldade, eles não conseguiam permanecer nas turmas do ensino regular. A maioria deles tinha sérios problemas de indisciplina e faltava muito. Ao iniciar os estudos nas Turmas de Progressão, "eles se encontraram". Tinham como professora uma especialista em alfabetização, professores de Educação Física, Arte e Inglês, cujo foco sempre fora a alfabetização. Inicialmente foram formadas cinco Turmas de Progressão do primeiro ao quarto ano do Ensino Fundamental II e duas turmas de terceiro e quarto anos do Ensino Fundamental I. Essas turmas contavam apenas com 15 alunos para facilitar o trabalho de alfabetização.

E assim, com essa nova organização, iniciamos um trabalho mais focado no ensino e na aprendizagem, e era como se a escola iniciasse suas atividades em 2005. A equipe gestora foi renovada. Os únicos membros que permaneceram fui eu e a diretora, e essa equipe tinha como novidade duas orientadoras pedagógicas, uma para o Ciclo I e outra para o Ciclo II, dada a grande defasagem dos alunos. Assumi a orientação pedagógica do Ciclo I. Todos nós tínhamos muita garra e pensávamos em melhorar a situação inicial da escola.

A secretaria de Educação, seguindo uma das diretrizes dos Parâmetros Curriculares Nacionais (1997, 1998), iniciou uma formação sobre Gêneros Textuais, a fim de subsidiar os orientadores pedagógicos na condução do trabalho de leitura e escrita, junto aos professores nas unidades escolares, pois, diante das dificuldades, esses profissionais utilizavam ferramentas criadas por outras pessoas, como manuais e exercícios prontos, muitas vezes emprestados de colegas ou adaptados por eles para se adequar ao público-alvo.

A partir dessa formação, interessei-me pelo estudo de gêneros de texto, pois me parecia que finalmente havia encontrado uma solução para as inquietações que me acompanhavam desde a época em que iniciei minha carreira, no final dos anos 1970, na Rede Estadual de Ensino do estado de São Paulo.

Diante de todos os problemas mencionados em 2005, nossa escola obteve índices muito baixos de aprovação na Prova Brasil (Ideb do Ciclo I= 3.9; do Ciclo II= 2.8), ficando em último lugar entre as escolas municipais. Esse índice, além de demonstrar a defasagem na aprendizagem dos alunos, ainda contava com o elevado número de reprovação por falta e evasão escolar, pois, quando havia conflitos no bairro, era comum as famílias envolvidas mudarem para outros lugares, pois frequentemente havia ameaças de morte e, na maioria das vezes, não ocorria a transferência, o que elevava os percentuais de evasão escolar. A evasão era mais uma frente que tínhamos que combater.

A escola começava a respirar a paz tão sonhada. Os professores ofereciam o seu melhor no trabalho pedagógico, e os alunos respondiam positivamente, aprendendo e querendo sempre mais.

Nessa época, presenciamos a dedicação dos professores que, durante o ano, investiram com vigor na aprendizagem dos alunos.

O bairro continuava com os mesmos conflitos e as famílias continuavam revoltadas com a mudança, porque ao sair de perto do centro da cidade muitas perderam sua fonte de renda, o recolhimento de materiais recicláveis. No atual lugar, já não tinha mais como recolher esses materiais para venda.

Continuamos investindo firme na aprendizagem dos alunos e, ao mesmo tempo, cuidando para que diminuísse a evasão. O Projeto Especial prosseguia em pleno vapor. O vínculo estabelecido entre os alunos e os professores era a chave para que a escola funcionasse com menos violência e melhor tratamento entre alunos e mestres.

As turmas de Progressão deram muito certo, pois os alunos que mal escreviam o nome e estavam nos oitavo e nono anos saíam do Ciclo II lendo, escrevendo e resolvendo situações-problema do cotidiano, com exceção de alguns que tinham um comprometimento muito sério ou alguma síndrome que exigia um outro trabalho com especialistas.

No final de 2005, professores, alunos e equipe gestora apresentaram a 1ª Mostra Cultural. Foi emocionante ver os trabalhos dos alunos e o entusiasmo dos professores. Não tínhamos condições financeiras, mas a boa vontade dos mestres e dos alunos fizeram a diferença. Era lindo ver as professoras confeccionando os figurinos dos contos de fadas. Algumas costuravam à mão, tamanha era a alegria de participar. Durante os anos seguintes, essa mostra só cresceu. Esse evento mostrava a valorização da comunidade, das famílias e dos alunos. Foram muitas emoções!

E assim, em 2006, continuei nessa busca constante para aprimorar o meu conhecimento e investir no meu grupo de professores. Logo no início do ano, procurei o curso "Atividades de Linguagem: elaboração de atividades didáticas para o ensino de gêneros", na Coordenadoria-Geral de Especialização, Aperfeiçoamento e Extensão da Pontifícia Universidade Católica de São Paulo (Cogeae/PUC-SP), pois ansiava saber como trabalhar com a produção textual a partir da elaboração de sequência didática, ou seja, com um conjunto de atividades planejadas para desenvolver sistematicamente o ensino de determinado gênero textual, visto que, nas oficinas de formação oferecidas pela secretaria, havia conhecido um trabalho potente sobre sequência didática para leitura de gêneros. Embora essa formação tenha sido uma alavanca para meu trabalho, continuava com sede de conhecer mais sobre esse instrumento didático. Ao fim do curso, dado o meu interesse, fui aconselhada por uma de minhas professoras a me candidatar ao doutorado no Programa de Estudos Pós-Graduados em Linguística Aplicada e Estudos da Linguagem da Pontifícia Universidade Católica de São Paulo (Lael/PUC-SP). A aprendizagem conquistada no curso trouxe-me muitas alegrias, pois foi a partir desse investimento na formação dos professores que vimos alavancar cada vez mais a aprendizagem dos alunos. Além disso, tinha mais um desafio pela frente sobre o qual precisava pensar: como faria um curso tão elevado contando com tão pouco tempo para estudar? Essa indagação acompanhou-me até o encerramento de 2006, quando teria que decidir se iria ou não fazer o curso de doutoramento.

Em meados de junho de 2006, a Secretaria de Educação firmou uma parceria com uma fundação da cidade para ampliar a jornada dos alunos. Essa fundação tinha um trabalho muito bem estruturado e atendia em outras unidades, na maioria, alunos em situação de vulnerabilidade. Logo, não teriam muita dificuldade em atender nossos alunos, que aceitaram muito bem as atividades, pois se tratava de oficinas de Arte, Tecnologia, Esporte e Lazer, entre outras.

Continuamos investindo na aprendizagem de todos, e a maioria respondia positivamente.

O ano de 2006 passou. Tivemos muitas vitórias e os alunos gostavam da escola, de seus professores e demonstravam essa afeição com muito entusiasmo, participando de todas as atividades.

Encerramos 2006 com mais uma grande Mostra Cultural, na qual apresentamos todos os trabalhos realizados durante o ano, e os alunos participavam de teatro, coral, artes plásticas e outras apresentações culturais. Era um verdadeiro show e orgulho de todos os pais, alunos, professores e equipe gestora.

Meu interesse pelo processo de ensino e aprendizagem da produção escrita teve origem na minha experiência como professora do Ensino Fundamental I, lá nos anos 80, quando procurava aprender cada vez mais para investir nesse trabalho adequadamente e proporcionar aos meus alunos uma aprendizagem mais eficaz. Posso afirmar que, a partir de 2004, ao conhecer a situação de inúmeros alunos, ampliei meu olhar de orientadora pedagógica e minha consciência de cidadã, que me levaram a uma busca incansável para garantir o direito à aprendizagem da língua materna a todos os alunos. E foi em razão dessa preocupação que ingressei no doutorado, em uma busca incessante por desenvolver um bom trabalho, que levasse os alunos a escreverem bons textos, usando com qualidade os recursos da língua. Essa história merece um capítulo à parte.

Ainda nesse ano, tivemos uma mudança na nossa equipe: a orientadora pedagógica dos Anos Finais passou a ocupar o cargo de direção da escola, pois, por motivo de mudança para o exterior, a diretora anterior havia saído; e, para ocupar o lugar na orientação pedagógica do Ciclo II, recebemos uma professora de História, mais uma guerreira que se juntava a nós.

Felizmente, a situação de aprendizagem dos alunos dava sinais de melhora a cada dia. A escola estava transformando-se aos poucos. Prova disso foram os resultados das avaliações externas, pois elevamos o índice da instituição para 4.9, nos Anos Iniciais, e 4.2, nos Anos Finais (nova nomenclatura do Ensino Fundamental I e II, de nove anos), o que mostrava o quanto o Projeto Especial, implantado em 2005, estava dando certo.

A partir de então, a Rosa começava a exalar o seu perfume.

Os professores continuavam interessados e comprometidos, e faziam realmente a diferença na vida dos alunos. Vivenciamos dias de muita alegria. Os alunos queriam participar de todas as atividades que tinha na escola: jogos, gincanas, projetos, enfim, víamos que estávamos trilhando um caminho de sucesso. Vários foram os troféus e medalhas que nossos alunos receberam. Tudo era festa! Tudo era aprendizado! E a Rosa estava cada vez mais bela, exalando seu perfume.

O ano de 2007 foi muito produtivo: diminuímos a evasão escolar, subimos a nota do Ideb, e, como visto anteriormente, nossos alunos estavam mais calmos e valorizavam a aprendizagem. A comunidade estava bem mais tranquila, embora os mesmos problemas do início continuassem. Atribuía-se essa tranquilidade velada ao fato de a maioria das pessoas terem aceitado a mudança. Encerramos o ano com mais uma Mostra Cultural. E, a cada Mostra, o entusiasmo dos professores e alunos crescia, a ponto de muitas vezes saírem de madrugada da escola para apresentar um trabalho de excelência. Era época de festa na comunidade.

Em meados de 2008, a atual diretora saiu, por motivos particulares, e mais uma vez a nossa equipe renovava-se com a entrada de um diretor, que permaneceu por 12 anos na direção dessa escola. No ano seguinte, a escola teve outra mudança na equipe: a orientadora pedagógica dos Finais saiu, pois não havia interesse da secretaria em continuar com duas orientadoras, uma vez que, na Rede, todas as escolas comportavam apenas uma orientadora pedagógica. A partir de então, assumi a orientação pedagógica dos dois ciclos.

E, assim, caríssimos leitores, o projeto especial, que era emergencial, foi dando frutos e mais frutos. A cada ano, desenvolvíamos novos projetos pedagógicos, surgiam novas demandas e, com a ajuda de nossos mestres, íamos conquistando sucesso na aprendizagem dos alunos, e eles galgavam novos patamares em suas caminhadas, haja vista os inúmeros alunos que conquistaram a tão sonhada faculdade, e, na maioria das vezes, faculdades públicas. Com esses sucessos, justificávamos sempre a continuidade do Projeto Especial.

Continuamos investindo na aprendizagem dos alunos, e eles nos respondendo sempre positivamente, durante todos os anos que tivemos o Projeto Especial. Na maioria desses anos, os professores permaneceram na escola, e, com isso, o vínculo entre docentes e alunos assegurou que o direito à aprendizagem acontecesse.

Entre os anos de 2013 e 2016, a administração municipal mudou. Vinha aí uma administração progressista, e muita gente apostava que essa administração tiraria o Projeto Especial, por não querer nada da administração anterior. Fiquei confiante, pois sabia que seria diferente. Por várias vezes, prefeito e secretário reuniram-se com a comunidade, participaram de eventos na escola, ouviram as crianças, e o projeto não teve nenhuma mudança. Continuamos no mesmo ritmo. Ainda nessa administração, ao visitar uma Mostra Cultural, o prefeito encantou-se e sugeriu que levássemos a exposição para um grande parque da nossa cidade. Fizemos isso dois anos seguidos, e o trabalho de nossa escola foi admirado por mais de 3 mil pessoas.

Durante 12 anos, foi possível trabalhar com esse projeto. Em todos esses anos, os alunos corresponderam às nossas expectativas de aprendizagem. Prova disso foram os resultados das avaliações externas. Em 2017, o Ideb alcançado pela escola chamou a atenção da população, pois havíamos ultrapassado o Ideb de muitas escolas da Rede Municipal situadas em territórios não vulneráveis. Ficamos imensamente felizes, pois esse era um de nossos objetivos. Atingimos 7.0 no Ideb dos Anos Iniciais e 5.6 nos Anos Finais. A evasão caiu consideravelmente, e isso contribuiu para a aprendizagem dos alunos. Considero que esse progresso não foi o mais importante: a mais valiosa contribuição que a escola proporcionou aos nossos estudantes, durante esse tempo, foi a consciência de cidadão, de que valia a pena ser do bem e que o respeito ao outro deveria imperar em primeiro lugar. Vivenciamos nessa época outras mudanças em nossa equipe, gestores que deram continuidade ao trabalho que desenvolvíamos.

Em 2017, houve mudança na administração municipal, e, segundo os dirigentes, não poderíamos seguir com o projeto nos moldes que vinha acontecendo, pois havia um questionamento do Ministério Público em relação ao número de docentes e à organização curricular, que era bem diferente das outras escolas da Rede de Ensino Municipal, além de os gastos serem bem maiores que o das outras escolas da mesma Rede. Nesse ano, ainda contávamos com as Turmas de Progressão, que deixariam de existir a partir de 2018, e outras mudanças nos esperavam também. Nossa Mostra Cultural de 2017 revelou, pela última vez, todo o investimento que fizemos durante o ano. Muito aprendizado, muitas alegrias, e parecia que estávamos nos despedindo. A partir dali, teríamos um grupo de novos professores, e eles precisariam criar vínculo com alunos, pais, comunidade em geral, e acreditar nas ações da escola, o que certamente levaria algum tempo.

Chegou 2018 e, com o novo ano, tudo o que prevíamos que aconteceria. Todos os professores que trabalhavam na escola por mais de uma década saíram. A maioria dos alunos não reconhecia os atuais professores, não tinha vínculo, e isso dificultava o processo de ensino e aprendizagem. Essa maioria começou a se rebelar, e os seus mestres novamente começaram a adoecer. Alguns professores desistiram, e outros continuaram tentando, embora a convivência tenha ficado muito difícil. Mesmo assim, eles prosseguiram insistindo na aprendizagem e tiveram êxito apenas com alguns alunos.

O novo Projeto Especial tinha algumas peculiaridades, como a Recuperação Intensiva no lugar das Turmas de Progressão. Um professor coordenador de projetos no lugar dos dois professores de apoio, que trabalhavam substituindo as frequentes licenças médicas e outras faltas. Com essas mudanças, a situação da escola mudou rapidamente.

Para a Equipe Gestora foi um tremendo choque, contudo continuamos tentando, visto que essa mudança era esperada, pois o antigo Projeto Especial tinha prazo de validade por ser emergencial, logo não seria para sempre.

Nesse ano, senti o impacto dessa situação no meu trabalho de orientação, uma vez que os professores não tinham mais as cinco horas semanais de estudo na escola, das quais eu tirava uma ou duas para orientações individuais, de acordo com a necessidade deles. A partir de então, os professores tinham uma carga horária diferente, contavam com duas horas-aulas de atividades na escola, e as demais eram cumpridas em casa, de acordo com a lei. Fiquei muito angustiada, pois não poderia tirar as horas de atividades do professor, porque seria injusto, já que era nesse horário que preparavam aulas, corrigiam provas e atualizavam seus registros. Essa situação trouxe-me uma recordação luminosa, da época em que fiz uma formação denominada Programa de Formação de Professores Alfabetizadores (Profa) lá nos anos 2000. Havia uma formadora que orientava os professores por meio de cartas. A partir dessa lembrança, passei a fazer as orientações por meio de cartas e, dessa forma, não precisei tirar nenhum horário do professor. Eles aceitaram bem a proposta e seguiram as orientações. Esse trabalho deu muito certo, a ponto de ser classificado entre os 50 melhores projetos do país inscritos no Prêmio Educador Nota 10. Nessa época é que fiquei sabendo que a formadora de quem me lembrei, que escrevia cartas aos professores, no curso do Profa, era minha atual amiga, Prof.ª Dr.ª Rosaura Soligo, autora do prefácio deste livro. Além dessa classificação no Prêmio, a orientação pedagógica por cartas ganhou um espaço na *Revista Nova Escola*, em outubro de 2018.

13. Foto: Reportagem na *Revista Nova Escola*

Com a mudança dos professores, os alunos, principalmente os adolescentes, começaram a faltar. A escola era a mesma, bem melhor do que no começo com certeza, e eles tinham oportunidades semelhantes a de alunos de outras escolas – tinham casa para morar, boa escola, comida servida o dia inteiro. E o que eles tinham que fazer? Apenas estudar. Entretanto isso a maioria deles não queria, pois eles não se identificavam com os professores. Muitos mestres pediram demissão. Outros encontraram melhores oportunidades. E com essa situação, os alunos, constantemente, ficavam sem aulas. Diante dessa conjuntura, tudo era motivo para não frequentar as aulas.

Encerramos o ano de 2018 muito preocupados.

O ano de 2019 chegou e presenciamos inúmeras faltas, muitas, muitas faltas dos alunos. E, com esse número elevado de faltas, não criavam vínculo com os novos professores, pois, quando compareciam, não conseguiam assistir às aulas, e, dessa forma, a aprendizagem não acontecia.

Esse ano foi muito estressante, muitas faltas de professores, poucos eram os professores que persistiam lutando para melhorar as condições de aprendizagem dos alunos. A situação era quase insustentável. Foi um ano com muitas provas, e a cada avaliação eu, particularmente, ficava muito triste com os resultados, uma vez que já havia passado por isso. Muitos alunos entregavam a prova somente com o nome. E na sala de aula, de 28 a 30 alunos matriculados, compareciam de 10 a 12. Era assustador! Comecei então a acompanhar as avaliações junto aos professores, conversava com os alunos e entregava pessoalmente as provas. Fiquei feliz em ver que todos tentavam realizar as questões. Infelizmente, as notas não eram boas, visto que o número elevado de faltas prejudicava a aprendizagem. Continuei acompanhando as avaliações e fui mostrando aos alunos o porquê das notas baixas, e assim o resultado das últimas foi um pouco mais favorável.

Nesse ano, continuei a orientação por meio de cartas. Esse trabalho rendeu muitos frutos. Coordenadores de todo Brasil enviaram-me inúmeras mensagens, querendo saber quais eram os procedimentos daquela orientação. Foram muitas e muitas mensagens, até que a Rede Globo de Televisão fez uma reportagem mostrando todo esse investimento, que foi apresentada no *Programa Como Será – Gestor Nota 1000*, de Sandra Annenberg, em 3 de agosto de 2019. Mais uma vez, a escola e o trabalho pedagógico ganhavam destaque no cenário nacional. Até hoje, recebo mensagens de coordenadores do país inteiro, querendo modelos e orientações sobre esse trabalho.

E assim, queridos leitores, cheguei ao final do ano muito cansada e doente. Resolvi não continuar, após 16 anos de árduo trabalho na orientação pedagógica. Pedi minha aposentadoria, afinal já haviam passados dois anos do tempo, e eu já contava com 70 anos. Saí feliz, uma vez que sempre fui respeitada pela comunidade, pelos alunos e professores, que hoje são meus amigos. Mostrei um trabalho sério, eficaz, na formação de professores e no acompanhamento da aprendizagem dos alunos, comprovado nas notas das avaliações externas, até 2017. Assim, pude mostrar ao país o sucesso na aprendizagem dos alunos em uma escola na qual muitas pessoas apostaram que eles não aprenderiam, devido ao contexto em que viviam. Fizemos história. Tenho certeza de que os pais dos alunos nunca esquecerão as alegrias que viveram nessa unidade escolar.

Agradeço a todos os familiares pela confiança que sempre depositaram na minha função. Agradeço aos alunos pelo respeito e cuidado que tiveram comigo durante a minha jornada nessa instituição de ensino. Agradeço à comunidade em geral, independentemente de sua instabilidade, pelo apoio e o respeito que sempre concedeu à escola e a todos que nela trabalharam. Agradeço aos professores e professoras, pois juntos acreditamos que tudo seria diferente, e foi. Agradeço à minha equipe por toda a cumplicidade. Agradeço a todos os funcionários, sem distinção, por todo o respeito que sempre tiveram por mim. Agradeço à Secretaria de Educação e Cidadania (SEC) por todas as orientações e confiança que depositou no meu trabalho. Não poderia deixar de destacar e de citar as contribuições da primeira orientadora pedagógica do Ciclo II e depois diretora da escola, que nos deixou tão cedo.

A escola continua com seus desafios, e espero que reencontre o caminho da aprendizagem e que os alunos voltem a gostar de frequentar as aulas. Torço sinceramente pelo sucesso de todos.

A minha ânsia por uma educação de qualidade, queridos leitores, e a busca pela excelência são o assunto da minha próxima narrativa.

7

EM BUSCA DA EXCELÊNCIA

Leitores queridos,

Narro neste capítulo o meu maior desafio na educação, em busca da excelência. Acompanhem comigo essa narrativa.

Em 2007, ingressei no doutorado na PUC, em São Paulo. Eu continuava trabalhando como orientadora na mesma escola, e, além da aprendizagem dos alunos, da formação dos professores, mais um desafio se despontava. O maior de todos.

Minhas impressões iniciais não foram as melhores. Provocaram muitas indagações que me conduziram à busca de inúmeras respostas em relação à Língua Portuguesa. A partir daí, meu interesse pelo ensino da produção escrita centrada em gêneros textuais aumentou, pois me parecia estar ali a resposta que eu procurava havia mais de 30 anos.

Inicialmente, encontrei vários obstáculos. Um deles é que eu teria que ir a São Paulo todas as segundas-feiras e ficar o dia inteiro, para, no período da manhã, cursar as disciplinas e no período da tarde participar dos seminários de pesquisa. Como fazer se eu trabalhava o dia inteiro, com uma jornada de oito horas diárias ou mais? Quando passei na entrevista e recebi o resultado, fiz a maior festa, chorei, ri, pulei, parecia mais uma adolescente quando entra em uma faculdade. A felicidade era imensa. Entretanto, quando me dei conta da carga horária, parecia que o chão havia sumido dos meus pés. Passei uma noite sem dormir e, no dia seguinte, escrevi uma carta à secretária de educação, solicitando mudança de horário, pois não queria perder o curso de jeito nenhum. Expliquei todas as minhas preocupações e ela, como um ser humano ímpar, atendeu ao meu pedido. Na resposta da minha carta, que foi encaminhada via memorando, ela me autorizava a fazer o meu horário de forma que não prejudicasse o andamento do trabalho na escola. Fiz o horário da seguinte forma para compensar as oito horas: na segunda-feira, saía da PUC-SP às 16h30 e ia direto para a escola trabalhar quatro horas no período da noite, para atender à Educação de Jovens e Adultos; e as outras quatro horas foram distribuídas na terça, na quarta-feira e na quinta-feira. Enviei esse horário ao Departamento de Recursos Humanos e assim foi feito.

Além das disciplinas e dos seminários de pesquisa, tinha que fazer os seminários de orientação de tese e, para esse, eu não tinha tempo durante a semana. Mais uma preocupação! Conversei com a orientadora e ela se prontificou em me atender em sua casa, aos sábados. Era mais um anjo na minha vida.

Minha orientadora, Anna Rachel, era uma pesquisadora renomada na área da Linguística Aplicada, rigorosíssima e ao mesmo tempo compreensiva e sensível. Graças a ela, consegui fazer o curso e era mais um degrau atingido na minha carreira.

Foi extremamente difícil! Tinha que ler muito, mas muito mesmo. Como não tinha nenhum tempo durante o dia, o jeito era ler à noite. Dormia apenas três horas. Lia, fazia resumos, lia, fazia resumos... Fiz essa jornada durante quatro anos.

Queridos leitores, escolhi pesquisar um trabalho na mesma instituição em que atuava, pois dessa forma facilitaria o meu estudo, já que o tempo era restrito. Comecei, então, a observar os alunos para saber o que lhes interessava. Várias vezes, eles se dirigiam a mim para falar sobre a vida que levavam. Ouvia-os contar suas histórias atentamente, alegrias e tristezas misturavam-se, sem nenhum constrangimento. Em 2008, quando iniciei a pesquisa, não tive dúvida: elegi a autobiografia como gênero de trabalho. Em primeiro lugar, porque relatar sobre a própria vida tinha um significado importante para os alunos, além de despertar interesse e desafiá-los a se constituir como autores de seus textos. Em segundo lugar, o trabalho com autobiografia poderia contribuir para que os alunos compreendessem a sua constituição como sujeitos de um processo sócio-histórico no qual a linguagem desempenha uma importância singular – é na linguagem que o sujeito, mediante o intercâmbio social com outros sujeitos, constitui-se. Na concepção de ser humano trazida pela teoria vigotskiana, o sujeito apropria-se do saber socialmente produzido por meio de ações partilhadas com outros sujeitos, incorporando--as e modificando-as de acordo com sua vivência. Nesse sentido, a linguagem desempenharia um papel fundamental na constituição de nossos sujeitos-alunos.

Essa investigação científica só foi possível porque o projeto "Pequenos Grandes Escritores", da qual ela fazia parte, foi articulado ao Projeto Educativo da unidade escolar, e, além disso, as atividades da sequência didática foram adequadas de acordo com as aprendizagens iniciais dos alunos.

Caríssimos, para realizar essa pesquisa, elegemos duas turmas de quinto ano dos Anos Iniciais, com muitos alunos que apresentavam extrema dificuldade, alguns sem estarem ainda alfabetizados. Duas professoras prontamente aceitaram participar da pesquisa: Regiane e Marli. Nós três estávamos aprendendo a trabalhar a língua escrita, por meio do estudo do gênero *autobiografia* e das inúmeras atividades que compunham a Sequência Didática. Esse trabalho proporcionou um grande aprendizado, uma vez que os alunos progrediram, e nós também. Dali em diante, comecei então a investir nas formações, com foco na elaboração de sequências didáticas, que nos trouxe muitas alegrias ao ver o desenvolvimento da maioria dos alunos.

O trabalho realizado com o gênero *autobiografia*, em 2008, ajudou a melhorar a situação de aprendizagem dos alunos e a relação entre os colegas de classe, pois, inicialmente, para realizar as atividades em grupos, organizamos vários tipos de agrupamentos, respeitando as peculiaridades da aprendizagem e também a escolha deles próprios. À medida que o projeto avançava, conseguimos fortalecer a confiança que os alunos depositavam em nós três – eu, orientadora pedagógica e pesquisadora daquele trabalho, e as duas professoras –, e, a partir dessa confiança, foi possível envolvê-los a ponto de conseguirmos reunir aqueles que se recusavam a trabalhar juntos. Esse é um ponto positivo que destacamos, pois a maioria dos alunos começou a conviver bem na sala de aula. As professoras envolvidas ficaram muito felizes com os resultados na aprendizagem e também com o conhecimento que adquiriram ao longo dessa pesquisa. Faço questão de destacar a avaliação dessas professoras. Regiane escreve com a participação da Marli.

"Sou professora há dez anos e sempre pensei que sabia ensinar meus alunos a escrever bons textos. Achava que quanto maior fosse a produção, melhor seria a escrita do aluno. Fazia sempre a análise do texto observando se o que a criança tinha escrito contemplava começo, meio e fim, se tinha noções de concordância verbal e ortografia. E era isso que pensava ser importante em uma boa produção e o mesmo acontecia com minhas produções, pois sempre tive grande facilidade para escrever, e achava que dominava bem a escrita de qualquer texto solicitado. E foi assim, achando que estava no caminho certo, que norteei meu trabalho durante quatro anos da minha vida.

Então, em 2005 fui trabalhar no Projeto Especial de uma escola da periferia de São José dos Campos, Estado de São Paulo, onde conheci a Sibéria, minha orientadora pedagógica, e a professora Marli, companheira de trabalho, pois atuamos juntas nos 5º anos. Tanto para mim como para Marli estava claro que sabíamos trabalhar com produção de texto. Líamos os textos dos alunos e achávamos que estavam bons, até que Sibéria começou a nos apresentar os gêneros existentes em nosso cotidiano.

Que surpresa! Particularmente descobri que não sabia quase nada sobre produção de texto. E pior ainda, que não sabia escrever. Meus textos eram confusos, pois não utilizava os elementos de conexão, um parágrafo não fazia sentido com o outro e sem contar os inúmeros equívocos que eu cometia. Outro ponto que desconhecia era sobre os gêneros, pois nunca havia ouvido falar em gêneros textuais e também sobre as capacidades de linguagem: capacidade de ação, discursiva e linguístico-discursiva. Tudo era novidade para mim!

Já Marli escrevia bem, utilizava os elementos de conexão, porém também nunca havia ouvido falar sobre esses termos e nem em como trabalhar isso com o aluno. Ficamos surpresas e ao mesmo tempo decepcionadas, pois acreditávamos que estávamos no caminho certo.

Em 2008, fomos convidadas para participar da pesquisa que nossa orientadora pedagógica iria fazer no 2º semestre. Aceitamos prontamente, pois sabíamos que, com certeza, iríamos aprender muito.

No 2º semestre de 2008, quando iniciamos o trabalho com o gênero autobiografia, começamos a elaborar a sequência didática para o ensino desse gênero. Quão surpresas ficamos, pois havíamos encontrado um meio que faria nossos alunos refletirem sobre a própria vida e, ao mesmo tempo, aprenderem a produzir um texto com mais eficácia.

Durante todo o tempo que desenvolvemos esse trabalho, vimos nossos alunos progredirem e se interessarem mais pela produção textual, atividade que a maioria deles, tinha horror, pois não paravam para pensar. Assim, percebemos que os avanços foram muito grandes, pois por meio deste trabalho conseguimos atingir a todos, inclusive os que apresentavam mais dificuldades.

Conseguimos também superar os preconceitos em relação aos alunos com os quais trabalhávamos, pois eram crianças que vieram de favelas e carregavam o rótulo de não conseguir aprender por serem pobres, sem recursos financeiros e afetivos e, a maioria, em condição de alta vulnerabilidade. Entretanto, com o trabalho realizado, provamos que, independente da condição social, toda criança é capaz de aprender e ter sucesso na aprendizagem". (Regiane)

Terminei a pesquisa, caros leitores, no final de 2008. Estava no 2º ano e ansiosa para terminar logo, pois só faltavam dois anos para a defesa da tese. Pensei que terminado a pesquisa, ia ficar mais tranquila. Puro engano! Foi nessa etapa que aumentou mais o meu trabalho, pois tinha que analisar todos os textos. Continuei indo a São Paulo todas as segundas-feiras e aos sábados nos seminários de orientação. Nessa época comecei a escrever a tese. Que dureza! Todas as semanas tinha que levar pelo menos dez páginas escritas e bem escritas. Escrevia a noite, muitas vezes fechada no banheiro, para meu marido não acordar e brigar comigo. Houve noites que passava lendo, escrevendo e tomando café. Muita loucura! E essa loucura me deixou várias sequelas na saúde, entretanto, estava tão feliz, porque estava realizando mais um sonho.

No final de 2010, terminei o curso e me preparava para a defesa de minha tese em maio de 2011. Na época da defesa, minha orientadora estava muito doente, internada há algum tempo. Fiquei muito preocupada, visto que não me sentiria segura sem a presença dela. O tão esperado dia chegou, eu tremia de cima a baixo. Quando todos estavam a postos, prestes a iniciar a apresentação, quem chega puxando uma mala? Ela, a minha orientadora. Havia saído do hospital, pegou um taxi e chegou na hora exata. Meu coração disparou. Não acreditava. Fiquei tão emocionada que quase não consegui fazer a apresentação. E fiquei mais emocionada ainda quando ela disse a todos que não poderia deixar de estar presente para ver o fruto de um trabalho humano. Fui aprovada com a nota máxima e elogiada por todos os membros da banca.

Em 2012, minha orientadora faleceu e deixou um vazio dentro do meu coração, pois ela tinha muitas propostas para mim, chegava a ligar tarde da noite em minha casa para falar sobre seus planos. Ela partiu, mas deixou um legado muito grande, não só em pesquisas e livros publicados, como também a sua forma humana de lidar com as pessoas. A você, Anna Rachel, meu eterno agradecimento!

Em 2016, caríssimos leitores, consegui publicar a minha tese em livro: *A escrita autobiográfica: por uma didática do ensino-aprendizagem*. Era mais um sonho realizado, não só meu, mas também da minha mãe, que me ensinou as primeiras letras, as primeiras palavras e, que, aos noventa anos, aguardava ansiosa por esse livro. Infelizmente, ela não conseguiu vê-lo, pois quando fui levar o livro pra ela, já estava muito mal e nem reconhecia as pessoas. Dois meses depois ela faleceu.

Meus leitores, como vocês viram, a minha trajetória não foi fácil, entretanto, posso garantir a vocês, que, em nenhum momento, pensei em desistir e agradeço a Deus por ter me dado sabedoria e discernimento, para continuar minha luta por uma educação de qualidade, oferecida a todas as pessoas, principalmente, àquelas menos privilegiadas.

14. Foto: Diploma do doutorado em Linguística Aplicada e Estudos da Linguagem

15. Foto: Tese publicada

8

DA PONTA DO PREGO... AGIGANTA-SE UMA GUERREIRA

> *Ninguém caminha sem aprender a caminhar, sem aprender a fazer o caminho caminhando, refazendo e retocando o sonho pelo qual se pôs a caminhar.*
> (Paulo Freire – Pedagogia da Esperança)

Caríssimos leitores,

Encerro a minha trajetória. Como vocês puderam acompanhar, da ponta do prego... agigantou-se uma guerreira, uma professora que sempre lutou por uma educação de qualidade.

Posso afirmar que padeci muito nessa minha trajetória, mas nunca reclamei das dificuldades que passei, uma vez que foram elas que me tornaram forte, lutadora e perseverante. Nunca, em momento nenhum, abdiquei de qualquer problema, por maior que fosse. Minha luta sempre foi e será até o fim dos meus dias, a favor dos mais necessitados, dos carentes, daqueles que, iguais a mim, ainda sonham com um mundo melhor, mais humano e menos preconceituoso.

Nessa minha jornada, tive muitas perdas, perdas irreparáveis, como o falecimento de três irmãos, de meu pai e minha mãe, da minha primeira sobrinha e ainda de um filho, com apenas 10 horas de vida. Essas perdas entristeceram-me muito e por muito tempo. Hoje aceito como um processo natural da vida e não me entristeço mais, todavia sinto uma imensa saudade de todos.

Da mesma forma que tive inúmeras perdas, tive ganhos restauradores, como a minha família: meu marido, Carlos, que sempre esteve ao meu lado em todos os momentos; meus dois filhos, Fabiana e Jean Carlo, dois presentes de Deus, por quem lutei a vida inteira; e meu neto, Lucas, minha paixão e esperança de um mundo melhor. Devo à minha família o que conquistei na Educação.

16. Foto: Nossa família na escola em que trabalhamos por quatro anos, no bairro Baú do Centro, em São Bento do Sapucaí-SP

Nesse mesmo sentido, tive amigos que acreditaram no meu trabalho, entre eles professores, pais de alunos, alunos, minha equipe gestora – com quem lutei por uma escola melhor –, funcionários, orientadores e coordenadores da Secretaria de Educação, e os chefes de todos os tempos, que sempre confiaram no meu trabalho; e muitas outras pessoas da minha convivência, que sempre estiveram comigo, alguns, mesmo distantes, torcendo por mim.

A todos o meu eterno agradecimento! Sem vocês, talvez não tivesse me tornado uma profissional séria e comprometida, gigante na luta pelas causas educacionais, principalmente dos menos favorecidos.

E, assim, caros leitores, como vocês puderam apreciar na leitura deste livro, a minha trajetória não foi fácil, porém foi enriquecedora e cheia de significados potentes que me conduziram por longos 46 anos na educação.

Encerro este exemplar com uma epígrafe do grande e admirável Paulo Freire, colocada no início deste capítulo, que retrata a minha caminhada diante de todos os desafios enfrentados e os sonhos realizados. A todos vocês que fizeram parte dessa jornada, os meus mais sinceros agradecimentos, e sintam-se contemplados a cada linha desta obra.